Margot Käßmann

Gute Besserung

Aufbauende Worte

bene!

für

....

von

....

Wer davon hört, dass ein lieber Mensch von Krankheit betroffen ist, wünscht gerne: »Gute Besserung!«, und sendet ein Zeichen der Verbundenheit.

Damit verknüpft ist der Wunsch, dass es tröstlich ist, gute, ermutigende Worte zu erhalten.

Zuversicht und Trost – das wünsche ich!

Mir gefallen an dem alten Lied »Der Mond ist aufgegangen« besonders die Zeilen: »lass uns ruhig schlafen und unsern kranken Nachbarn auch.« Es ist wichtig, an diejenigen, die krank sind, zu denken. Für sie zu beten, sie mit ihrem Schicksal Gott anzuvertrauen.

Erst wenn wir krank sind, fällt uns auf, wie selten wir es wertschätzen, wenn wir gesund sind. Das erscheint allzu oft als Selbstverständlichkeit.

Viele, die schwer erkranken, hadern sehr damit. Wir können es aber nicht ändern. Es geht darum, die Kraft zu finden, mit der Krankheit und ihren Folgen zu leben.

Es gibt Krankheiten, bei denen wir wissen: Es geht vorüber. Aber es gibt auch andere, die uns ein Leben lang begleiten, bei denen klar ist: Es wird bleiben, ja es wird schlimmer.

Dann gilt es, den Tatsachen ins Gesicht
zu schauen und zu überlegen:
»Wie will ich in Würde damit leben?«

Eine Frau, die eine Krebsdiagnose erhielt, fragte sich, ob ihre schlechten Gedanken, ihre hasserfüllten Botschaften an eine andere Person die Ursache sein könnten. Ich denke nicht. Aber der Bibelvers »Ein fröhliches Herz tut dem Leibe wohl« (Spr. 17,22) enthält viel Weisheit.

Jesus hat deutlich gemacht, dass Krankheit
keine Strafe Gottes ist.
Er hat Menschen, die krank waren, angerührt,
weil sie ihn gerührt haben.

Ich bin zutiefst überzeugt, dass Gott
keine Krankheit schickt.
Doch Gott kann uns die Kraft schenken,
mit der Krankheit zu leben.

Als ich selbst eine Brustkrebsdiagnose erhielt, dachte ich nicht: »Warum ich?«, sondern: »Warum nicht auch ich?«

»Hauptsache, gesund«, heißt es oft.
Aber was, wenn wir krank werden?
Dann ist die Hauptsache, mit der
Krankheit zu leben, auf Heilung zu
hoffen, der Medizin zu vertrauen.

Die Angst vor Krankheit kann auch lähmen. In der Coronapandemie haben wir das erlebt. Ich werde mich nicht vor jeder Ansteckung schützen können. Es geht um die richtige Balance zwischen Panik und Sorglosigkeit.

Es gibt Krankheiten, die nicht heilbar sind. Das wahrzunehmen, tut weh, bringt Empörung, Abschiedsschmerz mit sich. Aber wir dürfen Hoffnung haben, dass eines Tages in Gottes Zukunft alle Tränen abgewischt werden.

Wer krank ist, ist nicht *nur* krank, sondern auch ein Mensch mit vielen anderen Gaben und Bedürfnissen. Also gilt es, niemanden auf die Krankheit zu reduzieren. Besser fragen: Was würdest du gern tun, hören, besprechen? So bleibt der kranke Mensch Subjekt des eigenen Lebens.

Schwer ist für Kranke, dass sie plötzlich fremdbestimmt sind. Der Körper, die ärztliche Behandlung bestimmen den Rhythmus des Lebens.

Alles, was frei entschieden werden kann, tut gut!

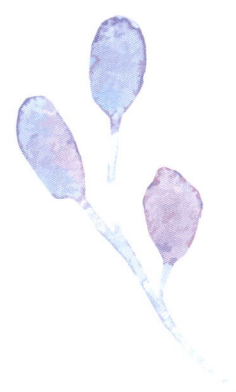

Wenn ich krank bin, freue ich mich über Zeichen der Zuwendung. Eine Postkarte, ein Anruf, ein Blumenstrauß können trösten und Kraft geben.

In der Bibel heißt es: »Macht Kranke gesund!« (Mt. 10,8)

Für Kranke zu sorgen im Krankenhaus, in der Pflege,
zu Hause ist eine christliche Grundhaltung.

In Zeiten der Krankheit erlebst du die eigenen Stärken und Schwächen ganz neu – und auch die der anderen. Es gibt Freundinnen und Freunde, Familienmitglieder, die sich wirklich rührend kümmern, andere, die dich meiden, weil sie nicht umgehen können mit Krankheit. Wir sollten nachsichtig sein, statt darüber zu urteilen.

Wer krank ist, fühlt sich schnell elend und allein. Deshalb ist es gut, Kontakt zu halten, die eigenen Sorgen auszudrücken, sich dem anderen mitzuteilen. Geteiltes Leid wird vielleicht ein wenig leichter…

Wir hoffen auf Genesung. Und wir dürfen darauf vertrauen, dass wir nie tiefer fallen können als in Gottes Hand, was auch immer geschieht.

Wer gesundet, ist danach dankbarer für den Alltag.

Margot Käßmann

Jahrgang 1958, ist eine der bekanntesten kirchlichen Persönlichkeiten Deutschlands. In und nach ihrer Zeit als hannoversche Landesbischöfin und Ratsvorsitzende der Evangelischen Kirche in Deutschland gewann sie mit ihrer offenen und geradlinigen Art die Wertschätzung und Sympathien vieler Menschen. Die Pfarrerin und Mutter von vier Töchtern steht mitten im Leben und scheut sich nicht vor Veränderungen. Einen Ausgleich zu ihren Aufgaben findet sie beim Joggen und im Miteinander mit ihren Enkeln, mit denen sie ihren Ruhestand genießt.

Originalausgabe Februar 2024

© 2024 bene! Verlag

Ein Imprint der Verlagsgruppe

Droemer Knaur GmbH & Co. KG, München.

Die Bibeltexte sind der Bibel nach Martin Luther, revidierte Fassung 2017, entnommen.

© Deutsche Bibelgesellschaft, Stuttgart

Text: Margot Käßmann

Gestaltung: wunderlichundweigand

Coverabbildung: oaurea/stock.adobe.com

Lektorat: Stefan Wiesner

Druck und Bindung: GCC GmbH & Co. KG, Calbe

Fotos: S. 4 © borchee/iStock.com, 6 © Allexxandar/iStock.com, 9 © lzf/shutterstock.com,
10 © Andrii Luchyshyn/shutterstock.com, 12 © Rike_/iStock.com, 14 © galsand/shutterstock.com,
16 © witsarut sakorn/shutterstock.com, 19 © sergei kochetov/shutterstock.com, 20 © Stefan
Weigand, 22 © Pazargic Liviu/shutterstock.com, 24 © Romolo Tavani/shutterstock.com,
26 © borchee/iStock.com, 29 © tolgart/iStock.com, 30 © Olha Rohulya/iStock.com,
33 © Tegan T/shutterstock.com, 34 © ChrisHepburn/iStock.com, 36 © mh-fotos/iStock.com,
38 © Lumppini/shutterstock.com, 41 © MmeEmil/iStock.com, Portraitfoto: © Julia Baumgart
Photography

ISBN 978-3-96340-244-9

5   4   3   2   1